AF232003

LES
DOUZE MINISTRES

DES FINANCES

PENDUS A MONTFAUCON,

depuis 1277 jusqu'en 1617;

SUIVI

DE L'ÉTAT DU CLERGÉ

DE FRANCE,

Par EUGÈNE JUÉRY (DE SAINT-FLOUR),

Auteur des Prières Nationales.

> CHARLES X avec son fusil,
> Amorçait les *jésuites*,
> Chargeait les *contribuables*,
> Bourrait les *libéraux*,
> Visait au *paradis*;
> Il a raté l'*immortalité*,
> Il a voulu tuer la *Charte*,
> Et on l'a pris pour un *lapin*.
> Le tout dans Paris en juillet 1830.

PARIS,

AUX TROIS JOURNÉES,

Passage Brady, entrée par les faubourgs Saint-Martin
et Saint-Denis.

MALDAN, IMPRIMEUR-LIBRAIRE.

1830.

AVANT-PROPOS.

———

. . . . Montfaucon
Renfermerait un ministère tout entier;

Si je me permets aujourd'hui de donner mon avis sur ce célèbre procès qui tient toute l'Europe attentive, ce n'est pas en écrivain consommé, ni en jurisconsulte profond; mais c'est avec ce GROS BON SENS d'un citoyen français qui veut profiter du droit que lui accorde l'article 7 de la Charte constitutionnelle, telle qu'elle a été adoptée par la chambre des députés. (*Séance du 7 ao t 1830.*)

« Les Français ont le droit de publier et faire » imprimer leurs opinions, en se conformant aux » lois. Art. 7.

Je ne m'amuserai pas à citer tel ou tel article du Code pénal qui devrait être appliqué à tel ou tel délit, je ne m'amuserai pas non plus à vérifier les actes iniques que l'on reproche aux ministres. A la chambre des pairs, seule, appartient le droit d'instruire leur procès et de leur appliquer les peines dont ils sont susceptibles, si leur culpabilité est reconnue.

L'article premier de notre charte constitutionnelle est précis à cet égard.

Art. 1er. « Les Français sont égaux devant la » loi, quels que soient d'ailleurs leurs titres et » leurs rangs. »

Le sang des victimes qui fume encore dans toute la France, s'élève jusqu'aux cieux, pour demander vengeance; la France l'attend, et l'Europe l'exige.

La France était de nos jours le paradis des ministres : dignités, honneurs, décorations, richesses, tout pleuvait sur ces heureux privilégiés. Que leur importaient les conseils de l'amitié, les gémissemens de l'infortune, le jugement sévère de l'histoire? Des admirateurs, à tant la page, préconisaient chaque matin leur administration paternelle; les masses engourdies se taisaient, et les traits lancés par un courageux patriotisme, s'émoussaient contre le triple airain qui protégeait l'épiderme d'une excellence.

Cependant quelques insensés osent encore exprimer des regrets sur la destruction du régime féodal. Ne tournez pas vos regards vers le passé, M. M., ne regrettez pas un ordre de choses qui n'est plus, et pouvez-vous désirer mieux que ce qui existe. L'homme, cette admirable créature façonnée à l'image du créateur, n'est plus qu'un pantin dont votre main puissante agite les fils conducteurs. Une grande flexibilité, une aptitude constante à suivre tous les mouvemens, toutes les attitudes qu'on lui imprime, telles sont les principales qualités de cette nouvelle poupée à ressorts.

De nos jours les fils d'or et d'argent souvent aidés de petits cordons rouges, étaient regardés à juste titre, comme les plus efficaces et les plus ordinairement employés.

Que ne devait-on pas attendre d'un système d'administration aussi perfectionné et qui se perfectionnait encore tous les jours ? L'horison de la trésorerie était pur et sans nuage; jamais l'étoile de ce ministère n'avait brillé d'un si vif éclat.

Que les temps sont changés !

Autrefois on appelait fourches patibulaires de Montfaucon, une éminence entre le faubourg St.-Martin et le faubourg du Temple, sur laquelle s'élevait un massif de maçonnerie ayant quinze à dix-huit pieds de haut, quarante-deux de long et trente de large. Il était surmonté de seize piliers de fortes pierres, ayant trente-deux pieds de hauteur. Ces piliers supportaient de grosses pièces de bois, auxquelles pendaient de fortes chaînes de fer, liant les cadavres des criminels exécutés dans ce lieu, ou dans la ville. On voyait toujours de cinquante à soixante corps de perchés, mutilés, corrompus, agités par les vents.

Ces fourches patibulaires étaient restaurées fort chèrement, et souvent à leurs frais par plusieurs ministres des finances qui semblaient prévoir qu'ils exhaleraient le dernier soupir sur cet étroit théâtre des misères humaines. Rois et peuples ne faisaient alors aucune difficulté de se débarrasser des ministres qui ne leur convenaient pas ; c'était l'usage de ces temps. Regrettez maintenant le passé, ô vous tous entre les mains de qui le sort jette les portefeuilles !

LES
DOUZE MINISTRES

PENDUS

A MONTFAUCON.

1277. — Le premier ministre des finances qui figure sur les registres des pendus de Montfaucon est PIERRE DE BROSSE, l'un des réparateurs de ce monument. Il fut pendu sous Philippe-le-Hardi.

1315. — *idem.* ENGUERRAND DE MARIGNY, autre réparateur des fourches de Montfaucon. Ministre sous Louis-le-Hutin, il fut pendu par ses ordres, pour avoir dégradé les forêts royales, augmenté les charges publiques, détourné de grandes sommes du trésor, et reçu de l'argent de l'étranger.

1322. — Pour peu que cela eut continué, Montfaucon aurait renfermé un ministère tout entier. GÉRARD-DE-LA-GUETTE, porté aux honneurs par Philippe-le-Long, fut accusé, sous Charles-le-Bel, d'aggravation d'impôts, de concussion et de vol sur les monnaies. Il subit la question et expira dans les tortures ; son corps fut traîné sur la claie et pendu à Montfaucon.

1328. — Six ans après son successeur, PIERRE REMY-DE-MONTIGNY, fut condamné, par arrêt du Parlement, à être traîné dans les rues et pendu à Montfaucon qu'il avait fait réparer à ses frais.

1331. — Au bout de trois ans, MASSÉ-DE-MACHES lui succède au gibet ; il avait altéré les monnaies.

1333. — Encore deux ans, et REMOND-DE-SIRAN, accusé du même crime, se pend dans sa prison pour éviter le même supplice. Son corps fut traîné à Montfaucon.

1358. — Au milieu des troubles dont Paris fut le théâtre, durant la captivité du roi Jean, la fureur du peuple poursuivit, sans relâche, les soutiens du pouvoir. Jean-Baillet, trésorier de l'état, est assassiné en plein jour. Le dauphin, régent du royaume, assiste aux obsèques de son ministre des finances.

Même année. — Tout-à-coup, le dauphin abandonne Paris. Charles-le-Mauvais, roi de Navarre, prend les rênes de l'état ; mais les portes de la capitale ne tardent pas à s'ouvrir devant le prince français qui signale son entrée par une amnistie générale. Le lendemain, plusieurs bourgeois sont pendus, entr'autres le ministre des finances, nommé par le roi de Navarre. Leurs corps dépouillés demeurent huit jours dépouillés dans la cour de l'église de Sainte-Catherine et sont ensuite jetés dans la Seine.

On peut s'apercevoir que les exécutions patibulaires chômaient à cette époque; mais gouvernans et gouvernés n'avaient pas besoin de fourches patibulaires pour obtenir justice des excellences financières.

1409.—Jean de Montaicu, fils d'un bourgeois de Paris, devient sur-intendant des finances sous Charles VI. L'insolence et l'injustice lui deviennent habituelles; les nobles, passibles comme les autres de ses vexations journalières, réussissent à le faire arrêter et juger. On lui trancha la tête au pilori des halles. Son corps est traîné à Montfaucon; on l'attache à un pilier; on plante sa tête au bout d'une lance, la face tournée vers la ville. Le cadavre resta trois ans dans cet état, suspendu dans un sac de cuir rempli d'aromates, et gardé par des prêtres.

1491. — Olivier-le-diable, surnommé *Olivier-le-Daim*, à cause de la légèreté de sa course, barbier de Louis XI, fut créé gentilhomme, comte de Meulan et grand-trésorier de l'état. Gorgé d'or, chargé d'exécrables forfaits, en proie à la malédiction publique, il finit par être pendu à Montfaucon sous la régence de Charles VIII.

1527. — François Ier, chevalier fort brave, mais roi plus que médiocre, avait chargé Jacques de Beaune, seigneur de Samblançay, sur-intendant des finances, d'envoyer 400,000 écus au général Lautrec, gouverneur du Milanais. Cette somme ne parvînt point à sa destination, et les Suisses, qui formaient la principale force d'armée d'occupation, se voyant privés de la solde depuis dix-huit mois, désertèrent leurs drapeaux. Le ministre arrêté, affirma vainement que la duchesse d'Angoulême, mère du monarque, avait détourné cet envoi; une commission nommée pour le juger, le condamna à être pendu à Montfaucon.

1617. — MARIE DE MÉDICIS, pendant les sept années que dura sa régence, ne gouverna que d'après les volontés du grand trésorier Concini, Florentin parvenu, qui, pour maîtriser le peuple soulevé contre lui, avait fait dresser, dans tous les quartiers de la capitale, des gibets menaçans. Le jeune Louis XIII, jaloux du pouvoir de cet obscur favori, le fait mettre à mort sur le pont du Louvre; son cadavre, enterré sans cérémonies, fut exhumé par le peuple et traîné par les rues jusqu'au Pont-Neuf. Là il fut pendu à l'une des potences dressées par son ordre. On le démembra, on le coupa en mille pièces; chacun voulait avoir quelque relique de celui qu'on appelait le *Juif excommunié.* Ses oreilles furent chèrement payées; ses entrailles jetées dans la Seine, et ses restes sanglans brûlés devant la statue de Henri IV. Le lendemain, ses cendres furent vendues sur le pied d'un quart d'écu l'once; on trouva dans ses poches et chez lui des sommes exorbitantes. Le parlement procéda contre sa mémoire, et condamna sa femme à perdre la tête comme sorcière, quoiqu'on eût pu la condamner comme concussionnaire.

Total douze.

Regrettez maintenant le passé, ô vous tous entre les mains de qui le sort jette des porte-feuilles !

1830. — On voit quatre ministres maintenant détenus à Vincennes. Le fameux Polignac, fils naturel de Charles X, et l'inventeur de la machine infernale, habite ce même donjon d'où il a été gracié de la mort par l'empereur Napoléon, en 1804 ; et en juillet 1830, après avoir dilapidé les trésors de l'État, appelé les armées ennemies sur le sol de la France, pour favoriser de fatales ordonnances, il a fait mitrailler les Parisiens par des soldats suisses et des gardes royaux payés aux dépens du trésor.

S'il faut en croire la rumeur publique, d'après les certitudes que l'on a acquises par des papiers saisis sur plusieurs personnes, et par des dépositions qui auraient été faites, ces ex-ministres ne seraient pas étrangers aux incendies qui ont ravagé et qui ravagent encore la Normandie.

Il serait digne de remarque que ces ex-ministres qui avaient pris plaisir à proscrire nos 221, et beaucoup de citoyens honorables, qui se disposaient à faire rouler sur la surface de la France des échafauds construits à leurs frais, se trouvassent, par arrêt de la Chambre haute, forcés de finir leurs jours par la main du bourreau.

Tous ces ministres infâmes vont être mis en jugement : l'opinion publique s'est déjà prononcée contre eux.

Que les traîtres et les despotes disparaissent !

ÉTAT DU CLERGÉ

EN FRANCE.

Il y a en France 4 cardinaux; 14 archevêques; 66 évêques; 1,636 chanoines, dont 610 titulaires; 2,516 curés; 8,503 autres prêtres employés dans les églises, et 850 qui sont directeurs ou professeurs de séminaires. Total 35,295. Il en manque encore, dit-on, 13,527; il y a, dans les séminaires, 19,389 élèves.

On compte 18,020 religieuses, dont 1200 à Paris; il y a plus de 400 établissemens religieux. Dans le seul diocèse de Bordeaux, il existe plus de 49 maisons régulières de ce genre, indépendamment de plusieurs autres maisons religieuses. Les donations faites au clergé et à l'église, depuis 1802, s'élèvent à 13,888,554 francs; avant 1815, elles ne s'étaient élevées qu'à 2,900,749 fr. Voyez l'énorme différence qui existe entre ces deux époques, et puis venez nous dire que le siècle d'aujourd'hui n'est pas religieux.

TOTAL GÉNÉRAL

des

PRÊTRES ET RELIGIEUSES DE FRANCE,

Y COMPRIS 13,527 PRÊTRES QUI MANQUENT ENCORE.

Présents. 35,295
Manquants. 13,527
Séminaristes. 19,389

Total 68,211

Plus, religieuses. 18,020

Total général. 86,231

Les jésuites ne sont pas compris ici.

DE L'ÉTAT

DE

SOCIÉTÉ,

ou

REFLEXIONS

Sur la proposition d'abolition de la peine de mort, présentée au Roi, le 9 octobre 1830, par Messieurs les membres de la Chambre des Députés et la grande députation.

D. Quelqu'un de vous me demandera, sans doute, qu'entendez-vous par état de société?

R. J'entends par société plusieurs personnages réunis pour différens objets, les uns dans des buts philanthropiques, d'autres pour traiter de politique, d'autres encore pour s'amuser, boire, manger, prier, etc., etc.

D. Combien de personnes sont nécessaires pour former une société?

R. D'après mon avis, je pense que deux, vingt, trente, cent, des millions même de personnes, peuvent former une société plus ou moins étendue. Une commune, une ville, un royaume, le monde entier, ne forment donc qu'une grande société qui, se trouvant divisée de mille manières, contient des nations civilisées et des nations incivilisées.

D. Qu'entendez-vous par nations civilisées et nations incivilisées ?

R. J'entends par nations civilisées, celles qui comme une partie des puissances européennes, sont assujéties à des lois justes et impartiales ; et par nations incivilisées, celles dont les habitans ne connaissent d'autres lois que leurs volontés et leur penchant, vivent isolément et privés de tout gouvernement, tels que les sauvages de l'Amérique et autres.

D. Tout homme vivant fait donc partie de la société ?

R. Certainement, tout homme vivant fait et doit faire partie de la société; et que dirions-nous, nous-même, d'un être qui vivrait en hibou et ne fréquenterait personne.

D. Quels droits la société a-t-elle sur un de ses membres qui sortirait des voies de l'honneur, ou commettrait un crime ?

R. Beaucoup ; la société a le droit de bannir de son sein tout homme qui forfait à l'honneur. Elle doit avoir des réglemens ou lois reçus par tous ses membres, ou du moins par quelques législateurs choisis par elle, et desquels fait partie son président ou roi, et par lesquelles on applique des peines plus ou moins fortes, suivant la gravité des délits commis.

D. La société a-t-elle quelques droits sur la vie d'un de ses membres ?

R. Je ne le crois pas : car si la société punit de mort un assassin, elle se rend plus coupable que lui, en ce qu'elle le fait mourir de sang-froid et après une mûre réflexion ; au lieu que le criminel ne tue son semblable que pour assouvir une vengeance, ou tout autre motif que je ne dois pas apprécier ici.

Quelques blessés des immortelles journées de juillet 1830, ont eu l'honneur de faire présenter à la Chambre des députés (séance du 8 octobre) des pétitions par lesquelles ils sollicitent l'abolition de la peine de mort pour *crimes politiques*. Et pourquoi ne pas demander l'abolition de la peine de mort pour tous les crimes? Est-ce qu'un ministre qui, par ses fausses combinaisons, ses faux conseils à son souverain, et pour s'acquérir de plus grands pouvoirs, aurait fait égorger des miliers de personnes, comme en France, en Belgique, même dans toute l'Europe, n'est pas aussi coupable qu'un voleur de grande route, un assassin? Je pense que si. M. Moutardier ainsi que les autres signataires, doivent savoir que tout crime est un crime; que 1815 et 1820 ont vu périr sur des échaffauds plusieurs victimes politiques qui cependant n'avaient détruit ou fait détruire personne. Et pourquoi voudrait-on sauver les prisonniers de Vincennes ? Je ne suis pas antagoniste de la peine de mort, mais je désire ardemment l'exécution la plus stricte des lois, jusqu'à ce que la France, ou la société française, en ait fait de nouvelles.

Oui, comme les victimes de juillet, je dirai : que le caractère distinctif de notre révolution, c'est l'humanité du peuple, son religieux respect pour tous droits, sa généreuse pitié pour les vaincus, qui n'est égalée que par son indomptable courage. Avec eux j'exprimerai le vœu qu'aucune émotion de vengeance et de terreur ne se mêle à des sentimens si élevés et si tranquilles ; mais je demanderai aussi que justice soit rendue aux mânes des victimes de notre mémorable révolution, sans quoi je m'écrierais :

Oui, l'argent est le Dieu, le Dieu seul qu'on révère,
Et la bonté des lois n'est plus qu'une chimère.

Tout ce que nécessite la fureur d'un combat, la victoire ne l'autorise plus ; cela est vrai, Messieurs, mais cependant pourquoi et pour qui sont faites les lois ? Pourquoi ne les appliquerait-on pas à des gens qui les ont violé si ouvertement ? Est-ce à cause de leurs richesses ? Est-ce que l'on craindrait encore leur puissance ?

Qu'un malheureux ouvrier s'avise de blanchir

une pièce de six liards ou une petite pièce de deux sols, le voilà considéré, condamné comme faux monayeur, et forcé de porter sa tête en place de Grève......

A-t-on oublié que l'un des détenus (Polignac) ayant déjà conspiré plusieurs fois contre la France, lui est redevable d'une vie qu'il n'a su conserver que pour faire assassiner ses semblables! A-t-on encore oublié que ce même Polignac, signataire et conseiller des ordonnances de juillet, fit distribuer les trésors de la France aux suisses et aux gardes royaux, afin d'égorger leurs pères, leurs mères, leurs parens, leurs amis!!!

Si les congréganistes, si les jésuites royaux l'ont oublié, qu'ils sachent que la France, l'Europe, le monde entier ne l'ont pas oublié; qu'ils ont leurs regards tournés vers notre Chambre des pairs, et leur demandent une prompte et éclatante justice.

D. Croyez-vous que la mise en liberté des exministres serait juste?

Nous pouvons répondre avec notre gros bon sens que non; car si des juges se permettaient de mettre de tels coupables en liberté, ils commettraient un acte inique, avec d'autant plus de raison que l'art. 231 du Code pénal est précis sur ces sortes de délits.

Que tous nos législateurs dans leurs débats philosophiques, dans leurs souhaits pour l'avenir, émettent le vœu que la peine de mort soit abolie pour les grands comme pour les petits, et pour toute sorte de crimes, c'est très-bien, et cela fait honneur à leur logique et à leur humanité. Mais ici le cas est tout différent; car la plupart de nos législateurs ne voudraient obtenir cette abolition qu'en matière politique, et encore dans *certains cas*, et ce, pour que nos ministres prévaricateurs puissent seuls en profiter. Non, messieurs, cela ne serait pas juste; je ne cesserai de le répéter, et la raison ne peut souffrir que le sang de nos concitoyens n'obtienne pas satisfaction.

On va sans doute nous dire que la masse sociale n'est pas encore assez mûre pour l'application des hautes idées philosophiques que suppose la peine de mort.

Eh bien! je répondrai que c'est mal choisir son temps pour l'exécution de cette mesure, que de prendre juste l'instant où le sang du peuple coule à flots dans la capitale.

Sans doute il serait à désirer, il serait même sage d'abolir la peine de mort à tout jamais pour les crimes politiques comme pour tous les autres; mais qu'est-ce être sage tout seul? Choisissons mieux le moment même pour l'application des meilleures idées.

D: D'après les nouvelles lois, quelles peines la société devrait-elle appliquer à celui de ses membres qui commettrait ou ferait commettre un ou plusieurs meurtres?

R. La société, d'après mon avis, pourrait suivre l'exemple de l'Angleterre, flétrir et déporter dans quelque colonie déserte, inculte, celui qui mériterait la peine de mort. Et que n'imitons-nous encore la Russie, qui se trouve en cela moins barbare que notre belle France si vantée par sa civilisation, sa bravoure et le berceau des beaux-arts. La Russie n'envoie-t-elle pas ses prisonniers dans la Sibérie, où, pour vivre, ils sont assujétis à toutes sortes de travaux. Pourquoi la France ne chercherait pas les moyens d'envoyer ses criminels sur les côtes d'Afrique, où, par leurs travaux, ils pourraient encore être utiles à leur mère-patrie.

D. Mais un homme condamné à la déportation peut s'échapper, du lieu de son exil, par ruse, par force, ou en séduisant ses gardiens à force d'or, et alors quelle garantie restera-t-il pour la société?

R. La société peut alors s'emparer du déserteur, l'enfermer seul dans un cachot de huit à dix pieds carrés, où il lui serait fourni ce qu'il désirerait, soit pour sa nourriture, soit pour ses petits agrémens (lecture et écriture); mais on placerait auprès de lui des débris de son crime, ou quelque chose qui pût y appartenir. Alors le coupable, rongé par ses remords, serait forcé de succomber. Croyez-vous, messieurs, qu'une pareille punition ne serait pas aussi terrible que la peine de mort que nous appliquons aujourd'hui ?....

D. La société a-t-elle le droit d'échanger les lois qui la régissent ?

R. Si la société s'aperçoit que les lois qui la régissent sont au-dessous des progrès de sa civilisation, elle a le droit de faire de nouvelles lois ; mais le sociétaire qui aurait forfait à l'honneur doit subir la peine infligée par les lois existantes à l'époque et sur les lieux où le crime a été commis.

D. Un législateur qui aurait commis un délit, qui compromettrait la vie d'une grande partie de la société, doit-il subir les mêmes peines que l'on appliquerait à un simple criminel ?

R. La société n'a pas le droit, d'après mon avis, d'établir de nouvelles lois en proportion des hauts personnages qui commettent de pareils délits. Loin de chercher à dérober leur tête au glaive d'une loi existante, on doit leur en appliquer toute la rigueur ; car, s'il n'en était ainsi, je dirai que les lois ne sont faites que pour les petits ou les malheureux ; mais nous avons tout lieu d'espérer le contraire. Philippe I.er, notre roi-citoyen, a déjà prononcé la condamnation des coupables, en disant :

LA CHARTE SERA DÉSORMAIS UNE VÉRITÉ !

Quand serons-nous de l'avis d'un de nos députés (M. KÉRATRY), lorsqu'il disait (Séance du 8 octobre 1830) : « Le ciel a fait sagement d'u-
» nir la force et la raison; c'est pour cela , sans
» doute, que toutes deux nous arrivent à la fois.
» La société devenue adulte, devenue forte et
» éclairée, a une autre marche à suivre que la
» société des Celtes, des Gaulois et des Francs,
» auxquels elle a été appelée à succéder dans le
» dix-neuvième siècle. Pour elle toutes les me-
» sures qui excèderaient les besoins de sa sûreté
» seraient de trop. Si elle peut se conserver sans
» verser le sang de l'homicide, et qu'elle le ré-
» pande, elle commet un homicide à son tour ;
» elle en a assumé devant Dieu la responsabilité,
» car il a fixé probablement, d'une manière fu-
» neste, le sort d'une âme humaine. »

Tel serait mon avis, si on voulait faire de nou-velles lois qui pussent être appliquées indistinc-tement à tous les délits, suivant leur gravité ; car je dirai que pour que la peine de mort fut légi-time, il faudrait qu'elle fût nécessaire. L'expé-rience de force des jurisconsultes, non-seulement leur a laissé beaucoup de doutes, mais encore leur a apporté la conviction telle qu’aujourd’hui ils peuvent hautement attester que dans aucun cas où le Code pénal prononce la peine de mort, elle n’est pas nécessaire. Beaucoup de magistrats ont jugé, acquitté, condamné ; ils ont gémi plus d’une fois du sang qui allait couler !.... Une seule démonstration est restée évidente pour leur esprit, c’est la nécessité de l’absence totale de la peine de mort !

D. La peine de mort abolie, quelle garantie restera à la société ?. Que deviendra-t-elle en l’absence de toute loi à cet égard ?

R. Je vais répondre à cette demande par la proposition suivante, qui déjà a été soumise à la Chambre par M. Girod de l’Ain, et à laquelle j’ajouterai *mon opinion* d’après le droit que m’en donne la Charte constitutionnelle de 1830, jurée par Philippe Ier ; roi des Français.

La peine de mort sera abolie en France pour tous les crimes : un projet de loi présenté à la prochaine session, déterminera quelle sera la peine qui devra lui être substituée ; mais d’ici à ce temps le coupable subira la peine due à son crime, et dans l’endroit où il aura été commis, d’après les lois existantes.

Je repousse toute interprétation qui tendrait à faire considérer ma proposition comme une idée fixe, comme une théorie. Non, messieurs, si ma proposition est formelle , du moins elle ne sera pas équivoque ; on ne verra plus reparaître ces temps féodaux , où les seigneurs, les courtisans, jouissant de la liberté , avaient seuls le droit de tout faire. N'y en avait-il pas qui détroussaient les passants sur les grandes routes ? Et pendant plusieurs siècles a-t-on jamais puni un noble de la peine de mort , quelque crime qu'il eût commis, tandis qu'on tuait un serf pour le moindre mot.

Ceci n'est qu'une bien faible esquisse du monstre féodal de cet ancien régime sur lequel des insensés osent encore exprimer des regrets. L'Assemblée Nationale rendit la France à sa dignité naturelle : la liberté , l'égalité reparurent ; les priviléges furent abolis ; tous les Français eurent des droits égaux. Si cette grande révolution de 1789 a été sanctionnée par la Charte constitutionnelle de 1814, que ne dira-t-on pas de celle qui vient d'être modifiée par nos représentans nationaux, et jurée par Philippe Ier en 1830 ? Oui, tous les Français étant égaux devant la loi, il me semble que nos ministres prévaricateurs doivent subir la peine due à leur crime, si leur culpabilité est reconnue.

Je veux bien croire que M. Moutardier et les autres pétitionnaires, en s'adressant à la Chambre, afin d'obtenir l'abolition de la peine de mort pour nos ex-ministres, ont voulu donner

à l'Europe des preuves d'un sentiment plein de
noblesse et de générosité. Quoi de plus magna-
nime, en effet, que de voir des hommes mutilés
par le canon de leurs ennemis, ne porter que
des paroles de paix, et venir, en quelque sorte,
demander grâce pour des gens qui déjà avaient
proscrit la plupart de nos représentans nationaux,
et n'avaient su dilapider et gaspiller les trésors
de la France que pour payer de lâches bourreaux,
afin d'égorger nos parens et nos amis, et donner
à Paris la leçon qui a été donnée plus tard à An-
vers par la bravoure et la bonté du souverain
de la Hollande.

D. Quelqu'un ignore-t-il la scène qui a eu lieu
dans un café de la rue Saint-Denis, pendant la
première semaine de novembre 1830 ?

R. Si quelqu'un l'ignore, je puis vous raconter
le fait exactement : Un certain quidam dont la
poitrine était couverte de plusieurs croix, après
avoir donné rendez-vous (1) à un grand nombre
de blessés des mémorables journées, leur proposa
de signer une pétition pour Sa Majesté, afin
qu'elle pût, en usant des prérogatives royales,
arracher à la mort qui les attend des ministres
qui n'ont pas craint, pour appuyer leurs fatales
ordonnances, d'appeler les baïonnettes étran-

---

(1) Plusieurs lettres d'invitation, reçues par les blessés,
sont déposées à la mairie du septième arrondissement.

gères à leur secours! Alors une femme, blessée en place de Grève, et dont le mari fut tué à la prise du Louvre, voyant le but que se proposait le *gros matador*, s'écria : NON, JE NE SIGNERAI JAMAIS POUR LA DÉLIVRANCE DE CEUX QUI ONT FAIT ASSASSINER MON MARI; SI AU CONTRAIRE IL FALLAIT SIGNER POUR LEUR MORT, JE LE SIGNERAIS DE MON SANG. Tous les blessés qui étaient présens, répètent la même chose !... A ces mots notre furieux démagogue, oubliant que sa poitrine est couverte de plusieurs croix, què sans doute il n'a gagnées qu'en rendant d'éminens services à la société jésuitique, et qui ne devraient décorer que le brave et honnête homme, demande son sabre, ses pistolets, et veut, dit-il, écraser toutes ces CANAILLES. Mais au bruit qui s'élève, une patrouille de lanciers, envoyée par la police qui était déjà instruite de ces sourdes menées, se présente au lieu du rassemblement, et après quelques légères explications échangées entre le maître du café et le chef de la patrouille, ce dernier pénètre auprès du fameux rodomont, s'en empare malgré sa résistance, et l'envoie à la préfecture de police sous une sûre et bonne escorte.

Qui pourra m'assurer maintenant que les pétitions qui ont déjà été présentées à la chambre, et celles qui le seront encore, n'auront pas été arrachées par la ruse, par la violence ou par de belles promesses comme vous pouvez le voir par le fait précédent.

D. — En 1815, lors de la restauration, a-t-on demandé au gouvernement l'élargissement du maréchal Ney, de Labédoyères, et autres victimes politiques ? A-t-on demandé l'élargissement du colonel Caron en 1830 ?

R. On l'eut demandé ; quelques anciens émigrés, partisans du système féodal, s'y fussent opposés, et quelques autres personnes, qui avaient intérêt à ne pas être connues, firent accélérer leur mort.

D. Et pourquoi, aujourd'hui, voit-on tant de monde s'intéresser à nos ex-ministres ?

R. Vous ne voyez s'intéresser à nos ex-ministres que des gens qui craignent d'être compromis par les révélations que feront connaître les débats, et, avec juste raison, ils craignent d'être entraînés par leur chûte.

D. Quel crime avaient commis le maréchal Ney, Labédoyère et toutes les victimes de la restauration ?

R. Quel crime ! Osez-vous le demander ! Ils avaient combattu pour Napoléon *l'usurpateur* ; pendant vingt ans ils *avaient eu la témérité* de conduire les armées françaises à la victoire ; ils *avaient osé* rendre la France libre et puissante ; ils avaient écrasé le monstre féodal, et forcé *nos braves émigrés* à ne rentrer dans leur pays natal qu'à la suite des armées coalisées et les armes à la main. En un mot, la vigoureuse résistance de ces victimes politiques avaient contraint Louis XVIII, que nous ramenaient *nos braves amis nos ennemis*, à accepter une Charte constitutionnelle : oui, leur mort seule pouvait faire oublier *de tels crimes* à nos braves émigrés.

D. Puisque MM. Polignac, Peyronnet et consorts, ont voulu abattre, d'un seul coup, cet hydre constitutionnel, et ont si bien fait mitrailler ces pauvres boutiquiers de parisiens, croyez-vous qu'ils méritent la mort ?

R. La camarilla va vous répondre que non, et elle fera tout son possible pour les arracher au supplice qui les attend ; elle n'épargnera rien pour arriver à son but : conspirations, séditions, grandes promesses, même la guerre civile, tels sont les moyens qu'elle emploiera. Que la police cherche à déjouer tous leurs complots...

Si de simples boutiquiers étaient à la place de ces ex-ministres, il y a déjà long-temps que la France en aurait eu une pleine et entière satisfaction, et cependant quatre mois se sont écoulés, et l'Europe, ses regards tournés sur notre chambre des pairs, attend encore ce grand acte de justice.

Aujourd'hui le peuple français s'est choisi un roi-citoyen, un modèle admirable de fidélité : il a toujours été étranger à notre dernière révolution ; il fut proscrit lui-même par le ministère infâme qui nous a opprimés trop long-temps ; il n'est rentré dans la capitale, comme lieutenant-général du royaume, qu'après que le peuple a eu accompli un grand acte de justice. Les mandataires du peuple français l'ont appelé, lui ont demandé de concourir à son bonheur ; il n'a jamais aspiré au pouvoir pour nous dicter des lois, aussi saura-t-il les faire exécuter. Élu de la Nation, il tiendra tout d'elle, il ne régnera que pour elle et par elle.

Philippe Ier ne voudra point, comme Charles X et les siens, amnistier insolemment la nation française de sa gloire militaire ; cette gloire est aussi la sienne. Il prit part à nos batailles et à nos conquêtes : le drapeau national que nous rétablissons avec orgueil sur nos cités, c'est celui sous lequel il a vaincu avec nous ; c'est le seul sous lequel il ait combattu ; c'est lui-même qui a dit : La Charte sera désormais une vérité ! et c'est dans cette ferme persuasion que les Français demandent à grands cris que ce fameux procès soit enfin terminé avec justice.

Nous espérons tous de la sagesse de notre roi-citoyen.

Après avoir émis mes opinions comme Français, je laisse le soin de continuer mon petit résumé à ceux qui voudront s'en charger.